나와 아지랑이 사이

나와 아지랑이 사이

이동만 첫 시집

세종출판사

산과 들과 강이 눈에 들어올 때쯤
하늘과 구름과 바다
그리고 사람을 함께 그리고 싶었습니다
늦바람 난 글쓰기로.

부모님께서 감사하게 내려주신
귀한 DNA를 씨앗 삼아
인연으로 엮인 꿰미에서
제 말의 집을
미천하나마 지어봅니다.

누군가의 가슴에
무릎을 탁 치는
공감 한 구절 닿기를 바라면서

2025. 가을 들머리
이동만

차례

제5부
민들레에게 만시挽詩를

제1부

손금, 그 쉼없는 물곬

새벽에서 초저녁까지
- 해파랑길 따라

코발트 바닷빛에 희붐한 새벽이 타오른다
양포항은 햇귀 한 가닥 타고 아침을 맞고
수평선 끝자락에 갇혔던 하늘
포구를 가로지르는 고깃배에 포말로 부서진다
구름을 풀어 떠나있던 샛바람 불러모으면
권태로운 일상들 나풀나풀 잰걸음을 시작한다

쟁글거리는 뙤약볕 다발로 쏟아지는 걸음마다
모랫가루가 땀방울로 질척거린다
의욕만큼이나 가벼웠던 발걸음
하늘조차 천만 근 등짐으로 내려앉아
솔가지 성긴 해변 그늘을 찾는다
오, 얼음 동동 떠다니는 미숫가루 한 사발이여

어느덧 해바라기는 해넘이를 쫓고
구룡포 앞바다엔 윤슬이 내린다
읍내 저잣거리 들기름 한 병에 해파랑길 넘치도록 담아
초저녁별이 시동을 거는 버스에 오른다

오월, 그 푸른 몸부림

벚꽃바람은 일찌감치 태화강 어디쯤에 몸을 푼다
버들가지 이파리는 춘풍을 부추기고
는개비 살짝 다녀간 연잎은 더없이 풋풋하다
남산 옥돌을 벼루 삼아
입화산 이끼 곱게 갈아 먹물을 만든다
하늘은 강물 담담히 풀어 밑자락을 깔아놓았다
이끼 넉물 한 방울에
끝없이 번지는 오월 몸부림
태화루 모롱이는 넋을 놓고 흔들려야 제격이지
립스틱 짙은 농염
때 이른 바람과 어울려야 제맛이지

14

손금, 그 쉼없는 물곬

검룡소 물곬은 마를 틈이 없다
여리디여린 목줄기 곧게 세워
금대봉 자락 모금 모금 축여주고
실개울 다발로 엮어낸 아우라지는
모내기를 기다리는 논뙈기에 물꼬를 열어젖힌다
억겁의 물타래를 묶었다가 풀었다가
그예 물샐틈없는 운명선으로 펼쳐졌던가
저만큼 생명선이 꿈틀거린다

죔죔 도리도리 짝짜꿍
때론 조물거리다가 때론 쥐락펴락하다가
물곬은 깊어지고 넓어지며
가로젓는 도리보단 끄덕이는 도리를 배운다
첫 돌배기가 어른이 되고
꼬막손 실금이 우렁찬 물곬 되어
삶의 굽이굽이 튼실한 금타래 펼치기를

걸음마다 그리움

- 명파明波해변*에서

북으로 북으로 향하던 발걸음은
명파 모랫벌에 아쉬움만 부려놓고 멈춰선다
너울은 하릴없이 갯바위만 넘실거릴 뿐
훌쩍 넘을 수도 없다
사위어가는 바람 한 줄에도 끝없이 찰랑이던 포말
그리움 한 무더긴 모래톱에 숨겨둬야지

구름도 이심전심 석양녘 모퉁이를 기웃거린다
가슴으로 눌러 쓴 엽서 한 장을
소주 한 잔에 띄워야 하는 포구의 새벽
눈으로만 그리움 새기던 해금강
이젠 바람과 구름이 눈길 나누며 걸어간다

* 해파랑길 마지막 코스, 동해안 최북단에 위치한 해변

이탈 저 너머 일탈을

삐이 삐이 경로를 이탈했습니다

해가 지나도록 내비게이터는
눈곱만큼의 감정도 용납하지 않는다
성마른 나의 이성을 시험이라도 하듯
이리 가라 저리 가라
초행길 앞다퉈 훈수하던 나침반쟁이들
낯선 갈림길에선 내 알 바 아니라며
영혼 없는 방향만 가리킨다
한때 푸르렀던 우리들의 감성
저 답답한 궤도를 얼마큼이나 달려왔을까
이젠 어깨를 짓누르는 이탈을 너머
일탈의 나비춤 추는 중년을 꿈꾼다

그날, 정월 보름 외옹치外甕峙

보드라운 정월 달빛
잔설 드리운 산자락에 내려앉는다
곡선의 삶, 그럭저럭 살아낸 논두렁 발자국들
살얼음 띄워
조각 달빛 그득 담아내는 밤
아이들의 재잘거림과 함께
묵은해는 동그라미 ㄴ리며 돌아가고
불꼬리 날리는 보름달로 돌아온 새날

토담에 기대앉은 굴뚝은
오곡밥 익어가는 소망을 뿜어내고
알싸한 어스름 겨울 새벽을 연다

기억 저편으로 흐르는
아직은 붙잡고 싶은 푸른 설렘들
바람에 맡겨두고 싶다
하얀 파도 부서지는 외옹치 모롱이에
당분간 더 걸어두고 싶다

그녀들의 옛날
- 남해 창선도에서

산비탈 언저리
한평생 쪼그리고 앉은 거처였다
쪽빛 바다 쪽으로 다리 슬몃 펴면
지나던 구름이 허리도 한 번 펴보란다
꽃가마 타고 섬마을 오던 그날
죽방렴 들어서는 멸치의 생애가 시작되었다

고사리 패기 전에 싸게싸게 껑끄라 마
투박한 시어미 잔소리에
꺾일 순 없어 허리는 곡선을 택했다
촘촘한 죽방렴 한살이 아직도 쭈뼛거리는데
보리암 해수관음 앞은 비손의 소리 가득하다
이제나저제나 내 피붙이 살붙이들
허리 펴고 하늘 보며 살게 해달라는

제대로 환갑還甲
- 수영장 첫날

개헤엄 치던 동심만으로
호기롭게 뛰어들었다
"초보자는 유아풀에서 연습하세요"
몸도 마음도 돌배기로 되돌아가버렸다

별들의 언약

- 월식月蝕

내 짝을 찾아줄 수 있니 은하수를 붙잡고 깜박깜박 지구별이 하소연한다 견우는 콩깍지에 들러싸여 커다란 눈만 끔벅거리고 직녀는 무심히 베틀만 돌리고 있다 꼭꼭 머리카락 한 올조차 숨겼나 구석진 별자리마다 속 모르는 별가루만 지저귀고 있다

눈치 없는 태양은 어깻죽지 잡아끌어 처진 시간을 재촉하지만 가슴앓이 달님, 텔레파시로 도닥거린다 언젠간 네 짝을 꼭 찾아줄게 기다려

보름옷 걸친 달님이 다가오며 속살거린다 네 짝을 찾았어 그녀도 널 찾아 헤매었대 달님은 자리를 내어주며 스르르 사라진다 어둠을 어루만지던 시간, 속살까지 떨리는

아쉬운 재회를 허공에 재우고 지구별은 달님에게 손가락을 건다 다음에 네 짝은 내가 꼭 찾아줄게 꼭

뜨고 지는 것들

- 신안 증도曾島에서

해넘이 입김엔 짠바람 가득하다
먼바다 풀무질에 달아오른 볼우물
태평염전 조각들이 꿈꾸듯 잠겨들면
뜨거웠던 하루, 긴꼬리를 증도에 남긴다

오늘을 건너가는 햇덩이 속에
펄떡거리는 심장을 꼭꼭 숨겼던 그녀
가까스로 거둬들인 하루엔
다시 토해낼 새벽불씨가 자라고 있단다

태양이 뜨고 지는 것
나에겐 크나큰 위안이다
광기어린 세상이 제대로 돌고 있으므로
신열이 들끓는 당신의 불덩이가 없다면
내 주변 어디에도 없다면
태양은 뜨고 지지 않을 것이므로

썩지도 못하고 죽지도 못하고

한여름 땡볕을 이고 살던 쇠똥구리
똥으로 빚은 바퀴, 귓갓길 서두른다
똥이 저토록 성스러울 수 있을까
향기로운 몸짓으로 끊김 없는 내일을 이어간다

귀부인 팔에 박제된 어린 악어 한 마리
이젠 가물가물 멀어져간 고향, 세렝게티여
썩지도 못하고 죽지도 못하는 그리움이여

이탈과 잔류

수월관음은 섬려纖麗한 사라紗羅를 빌려 입었나
비치었다 감추었다 구름을 갖고 노는 월악산 영봉
돌팔이들은 인턴시절 무용담을 는개 속에 흩뿌렸다
서산 침쟁이 구침지희論에 한 잔 술
안양 이빨쟁이 이빨까기論에 또 한 잔
광양 접골쟁이 뼈맞추기論에 새벽 소나기가 널브러지고
어쨌든 그날 돌팔이들의 썰은 여전한 믿음으로 남아있다

　벗어진 이마 가까스로 덮은 머리칼로 단발머리 소녀들을
원탁 위로 소환하는 놀라운 기술, 몸에 밴 고린내를 숙성의
향기라 너스레 떠는 홍어장수의 고급스런 골프세트가 번쩍
인다 냄새 밸까 사회적 거리라며 슬쩍 내미는 찬조금이 따사
롭다 막걸리로 애탕을 찬미하고 찜을 추앙하는 비 오는 날,
어김없이 그놈의 홍어좆 유래가 꼬부라진 혀를 타고 흐른다

소백산이 높냐 태백산이 높냐
실없는 카톡으로 아침안부를 전하는 홍어장수 친구놈
안타까운 소식을 전합니다　○○○ 본인상
마지막 안부를 부고로 대신한 접골쟁이 녀석
아침엔 멀쩡히 세상굴렁쇠에 잘 붙어있던 바큇살
몇 시간 사이 그만 떨어져나갔다는 바큇살
바퀴는 빛의 속도로 이탈과 잔류를 굴러다닌다

푸른 꿈, 광상산廣桑山
- 허난설헌을 만나다

작은 어깨 토닥이려 곁가지 일부러 내었을까
초당마을 노송은 세월만큼 품이 깊다
밤낮으로 동해바람 불러모은 경포호
차디찬 달빛 한올 한올 풀어 윤슬을 빚는다
지푸라기 몇 줌으로 엮은 사립문에선
가슴에 묻은 자식 생각이 탄식으로 새어나온다

기나긴 동짓날밤 대청마루에 자리 깔고
베틀소리 차가운 장단에 마른 한숨 뽑아낸다
임자 없는 옷감 한 필 삼경까지 지으며
곱은 손가락은 굽이굽이 흐르는 눈물로 녹였다

된바람만 둥지 틀던 대관령 잔설 위로
샛바람 살포시 얼음장을 기웃거린다
학산마을 오독떼기 가락이
아지랑이 타고 남대천을 건너오는 길목
광상산 노니는 푸른 꿈에
지지 않을 부용꽃 스물일곱 송이
고고한 날갯짓으로 만장 위를 맴돈다

타종소리

감감한 눈 소식에 小雪은 저 홀로 민망하다
아쉬운 상고대만 운문산雲門山을 밝혀놓고
골바람이 쓸어가는 낙엽들은
이리저리 쉿소리로 쟁쟁거린다
이름값 하는 구름이라면
눈꽃 몇 송이라도 쪽빛 처마에 달아놓지
티끌없는 하늘이 옥에 티가 될 줄이야

천 년을 삭인 종소리
깊은 울림통 우려내어 천만리 너울을 탄다
바람만큼 바람처럼 흘려보낸 시간들
독경소리 어두워지는 종각 앞
고찰古刹 되어 서 있는 노승이 쓸쓸하다
한때는 한 손만으로도 거뜬했을
나이테만큼이나 육중한 당목撞木
이제는 온몸 실은 정성으로
아득한 허공을 울리고 있다

칸칸마다 화룡점정
- 두루마리 휴지가 되어보다

아무도 알아주지 않아도 좋아
휑뎅그렁한 가슴 감싸주며
둘둘 계산없이 내어주는 속내를

구문이 된 신문지에
구겨지지 않는 자존으로 살던 시절
칸칸마다 새기고 새기었어
한 치 앞 캄캄한 그 순간까지도
돌돌 감고 있던 피날레의 꿈
미련없이 풀어낼 거라고

지금 나, 그냥 웅크리고 있는 것 아냐
점 하나로 찍힐 눈동자의 순간을 기다리며
더 청정한 세상을 향한
비상을 꿈꾸고 있어

그날이 오면

상투 틀어 뜻을 세우던 그땐
세상에 미혹되지 않을 자신도 있었는데
손에 쥔 떡은 턱없이 작게만 보였다
레이저도 굽실거릴 성마른 눈빛으로
게걸스레 쓸어담았던 욕망들
영원한 무지갯빛으로 영롱할 줄 알았다

햇빛을 갖고 놀던 개나리
거실에선 숨소리조차 삼킨 박제가 되고
꺾어 쥔 노류장화보다
절로 떨어진 동백이 땅 위에서도 고고하다
팔레트 칸칸을 넘보며 구걸한 환상에
무채색 명도만 부질없이 쌓여가고
동냥그릇 물감통은 시궁이 되어가는데

빛이 있으라 하시니 빛이 생기거늘
그날이 다시 온다면
순둥순둥해진 눈빛에
욕심덩이는 낮은 색으로 앉고
둥글둥글해진 귓바퀴는
물감통 속곳, 무지갯빛으로 되돌려 놓을 텐데
그날이 오면

구름이 가는 길

나를 이루는 작은 입자들이 허공을 유영한다
씨앗처럼 흩뿌려진 땅의 인연을
하늘이 정성껏 아우른다
단색구름으로 장막 치고 외로운 척하더니
무언극의 주인공처럼
어느새 신바람 난 옥구슬은
천상과 지상을 굴러다닌다

지나가는 볕뉘 한 줄기
장막을 벗겨내고 무대는 바스러진다
눈물 한 입 머금은 채
우렁우렁 소리내어 울어줄 녹슨 양철지붕 찾아
안식의 빗물받이에 걸터앉는다

제 2 부

나와 아지랑이 사이

나와 아지랑이 사이

잔설에 젖은 산그림자
맑은 빛으로 산기슭을 타고
살바람에 가슴 시린 수평선은
환한 짙푸름으로 출렁이는데
너는 늘 거기쯤에서만 아물거리고 있다

몸 푸는 개울 따라 얼음장 조르르
아지랑이 타고 매화꽃 바르르
시간은 빗장을 풀고 날갯짓하는데
옆에 뉘어 품을 수도
너를 눈앞에 두어 만지작거릴 수도 없다
옷고름 홀로 매만지며
그저 거기쯤에서만 유유하다

독주 저 너머

짜릿한 합환주는 다시 올까
바람만 나드는 소줏고리엔 밀주방울 하나 달랑거릴 뿐
둘이 함께 속살거리면 무거운 시간도 깃털로 날 텐데
혼자 기울이는 한두 잔 술에 애먼 초저녁이 비틀거리고
엇박자 선율 탄 독주獨酒는 희읍스레 독주毒酒가 되어가고

그즈음 매파 눈치는 누룩만큼 발효가 빨랐다
합주를 빚던 날
손을 담그는지 술을 담그는지
간질간질 미끈둥 심장이 저리고 밤도 저렸다
떨리는 속눈썹 지그시 담그면
화촉도 설레어 동방洞房 가득 찰랑거렸다

가는장구채*꽃이 필 때면

숨 짧은 날라리 읍내 어귀 붙잡고
가까스로 가락을 이어온다
꽹과리 갖고 노는 덩더꿍이 장구재비 잰손놀림을 재촉하면
중모리는 꽹과리재비 상모를
가을하늘 고추잠자리처럼 휘감아돌린다
부들상모 앳된 낯빛
살짝궁 춤사위를 자진모리로 무쳐내면
소년의 눈빛은 호적胡笛가락 사뿐히 타고 넘는다
휘모리에 잡힌 심장의 뜀박질은 시작되고
한바탕 맛보기로 읍내를 쥐락펴락한 농악패거리
카바이드 등불이 밤을 새우는 우시장 천막틈새로
콩당거리는 새벽이 합세를 한다

가락을 넘던 옛소리들
간월재 넘어가는 억새바람을 탄다
낭창한 목선까지 간절히 탐했던 소년의 가슴
가는장구채 여린 모가지에 하얀 낯빛으로 흔들거리면
이제는 늘어진 진양조라도 좋아
그날의 가슴으로 다시 올랑거릴 수 있다면

* 6~9월에 5mm 정도의 하얀 꽃을 피우고, 열매 달린 가지가 장구채를 닮은
  한해살이 식물

35

랩소디[*] 인 장마

포르테로 쳐대는 천둥소리에도
찌뿌둥한 마음은 기지개를 켜지 못한다
텔레비전은 비바체로 자막 흘리느라 밤을 새우고
기상캐스터 샛노란 비옷은 덩달아 분분하다
백 년만의 호우라는 겁박에도
설마 설마 하면서 안단테 안단테를 흥얼거리더니
눈앞의 알레그로에 발등 불은 활활

칼잠도 새우잠도 못 잔 지휘봉이
이젠 제발, 라르고 라르고를 외친다
육신도 영혼도 젖을 만큼 젖은 랩소디는
보면대 위에서 옷자락을 뒤척인다
나는 제대로 환상 속을 달렸음을
빗속의 랩소디는
지상에서 만난 가장 자유로운 소리였음을

* 환상곡풍의 자유로운 곡, 광시곡狂詩曲이라고도 함

36

38선, 세월에도 삭지 않는

아주 잠깐이면 된다며
하얀 물굽이로 휴전선 그어놓던 날
38선 지나가는 기사문리 포구에
머구리로 타향을 고향 삼았던 추 선생
해삼, 멍게로 물빛나게 키운 아들놈 대기업 취직하던 날
으쓱한 어깨에 온 동네 주눅들었다

손수 잡아 말린 문어 대가리
첫돌 맞는 손자놈 머리보다 크다
해종일 파도 타는 피난민 뒷담화는
소금기 밴 바닷꾼들 텃세쯤 가뿐히 넘었다
자식새끼 앞에선 그 무엇도 안줏거리일 뿐

드센 파도가 포구 앞 새섬(鳥島) 삼키던 그날
추 선생은 멈춰버린 숨으로 뭍에 닿아
잠시 쉬고 싶다던, 삭지 않는 38선 앞에
곡절 모를 긴 휴식을 묻고 있었다

끈기와 끊기 속에서

메밀 반죽 속
불끈거리는 힘줄이 몸을 섞는다
하루를 매달고 있는 코끝 땀방울들
모래시계 안에서 낙하하는 시간
간사한 혀끝과 옹고집 손끝의 타협이 끝나면
녹진한 끈기에 미뢰는 아찔하고
경쾌한 끊기에 생니는 쫄깃거린다
우리 살아내는 일
끈기와 끊기의 끝없는 조율인 것을

네 탓 쭉정이는 훌훌

눈 가리고 아웅, 네 탓 핑계가 가상하다
손바닥 한 쪼가리로 가려온 삶
푸르른 시공이 칙칙하다
습관처럼 탓하고 내일을 겁박하는
이유 없는 미움들이 얽히고설켜
말라 비틀린 요단강은 젖과 꿀을 잃었다
결박된 시간 위로 검붉게 쌓여가는 더께들

무얼 잘못 건드려 세상은 동티가 난 걸까
버석거리는 가슴에 는개라도 뿌리면
스텐트 박은 심장은 옹이를 벗을까
디오니소스*의 와인 한 모금이 절실한 이 봄날
비발디 선율 한가득 키에 담아
네 탓 쭉정이들 훌훌 까부르고 싶다

* 그리스 신화 속 화해와 술의 신. 로마 신화에서는 바쿠스(Bacchus:酒神)

딩동댕

소방탑 오포午砲소리 햇살 속을 파고들면
미적거리던 일요일, 한낮을 털고 일어난다
아침인지 점심인지 따지지 않아도 되는 밥상머리
배불뚝이 아날로그 브라운관은 상석이 되어
식구들 하나 둘 꾸역꾸역 불러모은다
시골 노래꾼의 흥타령, 찰진 '땡'소리
아비는 오물거리던 밥풀때기를 밥상에 내뿜고
재치 만점 목소리는 어색한 무대를 매만졌다
옆집에서도 밥풀때기와 땡소리가 부지런히 날아다녔다

깨알 같은 검버섯도 숨지 못하는 디지털 화면
지나온 세월 너머
종착역이 다가옴을 미리 알았을까
잠시도 놓지 못한 고향땅 해주
어미와의 짧은 작별 긴 이별
딴따라 놀림 귓등으로 밀어내며
가슴에 묻은 아들
혈혈히 소주 한 잔으로 버티던 시간

그대 청량한 인생은 '딩동댕'입니다
자신에게만 냉담했던 그 모진 '땡'까지도
엄연한 딩동댕입니다

모비딕을 추억하다

비바람이 알람처럼 들쑤시는 새벽창
거친 술에 절름거리는 지난밤을 깨우면
포말처럼 멀어져간 기억 하나 소환한다
굴절된 오라(aura)들 쌘비구름 틈새를 뒤지다
보랏빛으로 마구 휘감으면
나는 동해바다 어디쯤으로 기울어진다
지금부터 나는 파도와 태양을 동경하는 이스마엘[*1)]이다
슬도瑟島 끄트머리를 놓지 못하는 등댓불
빗낱에 갇혀 보슬거리고 있다
아스라한 수평선도 경계를 벗으려
하늘을 유영하던 눈빛에 스며든다
에이합[*2)] 선장이 놓지 못했던 커다란 눈, 태양이여
비파소리 너울지는 성난 눈빛이여
이제 나는 그 눈빛을 타고 침잠을 준비해야지
등댓불이 꺼졌다
에이합도 바다를 표류하던 욕망도
스타벅[*3)]의 냉철함도 하늘로 침잠하였다
이스마엘을 향한 새로운 출발은 계속된다

*1) 허먼 멜빌의 소설 '모비딕'의 話者이며 포경선 피쿼드호의 유일한 생존자
*2) 거대 흰고래인 '모비딕'에 대한 복수를 꿈꾸는 피쿼드호의 선장
*3) 1등 항해사, 에이합 선장과 갈등하며 피쿼드호의 평정을 이루고자 함

수월한 작별

어줍잖은 내 시간의 창고
내밀한 그 門을 미련없이 닫습니다
이제야 끈을 놓을 수 있을 것 같습니다
솜털 한 올 같던 눈인사가
꿈속에서도 동동 떠다녔던 우리 첫날
흥분으로 파동치는 물수제비는
누름돌로 갈앉혔습니다

가슴으로 키운 숙성된 기억들
한 걸음 한 걸음 노트북에 떼어놓습니다
마지막 글자 위를 겁석거리던 커서가
저장버튼에서 눈을 꼬옥 감았습니다
비로소 보낼 수 있는 당신
오래오래 간직하고픈 그리움의 스냅샷들
고요히 담아둘 수 있겠습니다
시 한 수에 집결되는 사연
활짝 열어젖힐 그날을 기약하며
수월한 작별을 고합니다

소리 속 고요

고요함에도 색깔이 있다
만물이 용수철처럼 튀어오르는 이 새봄엔
새하얀 고요함이 그리워진다

함석지붕 볶아대는 새벽비
나른함과 더불어 통도사로 향한다
우산을 받쳐 든 장삼 자락에
투덕투덕 빗방울들 수런거리고
쉴새없이 동그라미 그리고 있는 연못으로
독경소리 잠겨든다

겨울 견딘 서운암 장독대 위로
영축산 그리운 금낭화 구름 피어나고
처마끝에 오롱조롱 맺힌 망울들
홍매로 터지는 소리
이 소란함, 새하얀 고요함이 아닐까

외사랑, 통영 봄빛

오면 오는가 보다 가면 가는가 보다
계절의 밀당에 새치미만 떼던 강구안
나목은 여전히 시린 옷가지 하나 걸치지 못하고
홍조 띤 새벽포구엔
연둣빛 그리움 고여들고 있는데

란*을 차마 잊지 못해
백석은 그녀 나타샤를 사랑한다 했을까
푹푹 들이치던 그날의 눈발은
안타까움 달궈 홍매를 피워낸다
덩그러니 홀로 떠있는 서피랑 누각
봄여울은 어느새 잰걸음칠 낌새인데
언제까지 곁눈만 쏟아붓곤
애먼 소주잔에게 투명한 가슴 내어주고 있나

* 시인 백석이 흠모하던 통영의 여인 첫사랑 박경련(란)

엘리시아 빌라에서, 꿈

 랜선 타고 날아온 핑크메일*은 제 낯색을 쑥스러워 했다 당장의 호구책보다 아내에게 둘러댈 그럴듯한 이유를 먼저 생각하는 것이 헛헛하다 계급장 떨어진 뒷모습에 꽤나 꿰었을 콧방귀소리 쟁글거리고 목발 짚는 불안한 자갈밭이 세상을 덮었다 남쪽 멀리서 가까스로 올라온 재취업 문자, 새내기 중년을 어색한 원룸으로 몰아세웠다

 하늘 반쪽도 들여놓기 빠듯한 창문 쪼가리, 빨간 네온 십자가 불빛만 벽지에 얼룩지고 한 잔 소주로 겨우 잠재운 새벽은 쓸데없이 바지런한 청소차 멜로디에 조각나버리기 일쑤, 냉장고만 지키는 주방에 따스한 밥물냄새는 언제나 찾아오는지. 한여름에도 등짝이 시린 싱글침대를 끌어안고 파리똥 앉은 천장을 올려다본다 그래도 詩 한 줄은 올 거라고

* 고용주가 직원의 해고를 알리기 위하여 보내는 메일

작별, 준비도 못했는데

일찍 온 쑥 한 잎, 버석한 언덕이 촉촉해진다
연한 가지에 걸린 하늘도 몰큰해진다
홍조 오른 세상에 꽃잎들 나긋해지면
그녀와 느긋하게 오늘을 희롱해도 될는지

흐르던 보슬비 바람 살짝 후려놓더니
어느새 쑥대가 기어오르는 앞마당
허투루 지나친 그녀와
눈맞춤도 끝나지 않았는데

내 대신 아스팔트가 실없이 달아오르고
후드득 꽃잎들 뒷걸음질에
멋쩍은 하늘은 서둘러 농익어버렸다
처마끝을 지키던 구름 조각
풍만한 앞섶 풀며
설익은 눈맞춤 끝낸 그녀와
아직 푸른 입맞춤이 남았는데

언제나 다짐두는 오늘
작별은 언제나 준비 못한 채
그렇게 오고

마블링 천국

홍조 띤 육질에 하얀 망사가 섹시하다
투플러스 빛나는 계급장 달고
황홀한 혓바닥은
이미 뜨거워진지 오래다

지긋이와 지그시

핏물만이 요동치는 요단강
새벽공기 지긋이 들이켜고 내쉰 숨
절대자 우러러 지그시 눈 감으면
말랑말랑해진 한 꺼풀 사랑
껄끄러운 당신과 날 지그시 보듬을까

소실점 속 절정
- 사자평 억새

초점 따위가 뭐 대수겠어요
맞닿은 기억의 스멀거림만으로도
가슴은 데워졌으니까요

사르륵사르륵 멍울진 것들을 어르던 날
까치발 탓인지 콩닥이는 심장 탓인지
눈맞춤은 바르르 안절부절못하고
천만 근 누름돌로 갈앉혔던 떨림은
어쭙잖은 데크레센도가 되고 말았지요
절정은 어디쯤이었는지, 그런 게 있긴 있었던 건지
온쉼표 마디 안에 나른히 녹아내렸습니다

는개비가 가을을 익히는 사자평 어슬녘
낮은 몸짓 큰 떨림, 어떻게든 다시 전하려
실눈 뜨고
흐릿해진 소실점 속으로 들어갑니다

제 3 부

타이탄과 팅커벨

한 번만이라도

엄마한테 가봐, 오늘 당장
친구의 일갈이 전화선을 흔들어댄다

밤을 넘기시기 어렵다는 형님 목소리가 축축하다
엉겁결에 끌고 나선 슬리퍼도
공중만 헛도는 가속페달도
한밤중 고속도로도 이름값을 하지 못했다
무거운 병풍과 섬뜩한 향초 연기가 아버지를 지키고 있었던 그날

설을 뒤세워 다가오는 기일은
임종 못한 아쉬움을 도플러 효과로 드높이고
켜켜이 쌓인 후회조각들이 섣달 삭풍을 뒤흔든다
서울 병원에 한 번만이라도 더 모셨더라면
멋쩍은 안부 한 번만이라도 더 소곤댔더라면

넋두리만 하고 있을래, 이 바보야
너는 그래도 엄마가 계시잖아
고아 코스프레는 이제 그만
오늘 가봐 당장

화려해서 서글픈
- 아비의 프로필

맵시 나는 오토바이 신작로가 들썩거렸다
숯다림질 고집하는 한산모시는
한증막 더위에도 뻣뻣이 고갤 치어올렸다
쌀 한 섬짜리 세무점퍼는 한겨울에도 날렵했다
할아비 품으로 말린 굴비 한 마리
할미 손에서 구워진 소고기 한 점
멋부리고 맛낸 혼자만의 세월 고고히 흘러갔다
아들 대학 입학 구부정하게 바라보시던 그날
마지막 기차여행은 담배연기로 흩어졌다

젊은날 애써 외면하던 고운 어미 손
가실 때 뻗어 잡는 손은 말라서 버석거렸다
비어있는 한 쪽 공간이 커져갈수록
좀처럼 내밀지 않던 그 손이 사무치게 간절해진다
가시던 날 눈물은 아픔 섞인 슬픔이었지만
오늘 눈물은 오롯한 그리움이다
지금 내 나이쯤의 그때 아비도
아비에 대한 눈물이 그리 컸을까
아무도 모르는 세상무게를
아비에 대한 눈물로 견뎌내셨을까

천사양연天賜良緣*으로 온

한여름 삭망을 겪으며 핼쑥해진 위성
선선한 저녁 하늘길을 거닐고 있다
태양빛 등대 삼아 홀로 떠도는 지구별
묶인 천륜 떼어낸 피붙이
다시 품을 기약 요원하지만
마주 보며 피우는 변검술 재롱에
천지사방 자욱한 헛헛함 달랜다

천사양연으로 온 핏덩이별
아득히 바라만 보는 지구별처럼
무릎에서 떠나보내는 쓸쓸함 꼭꼭 숨긴다
우주 온힘 끌어모은 구심력으로
깜박깜박 자식별 인연에 불을 지펴온 것처럼
끊임없는 심장의 인력引力 가동해
녀석과의 인연 지켜내야지
돌아올 기약과 다시 안을 꿈 팽팽히 떠있어
지구별보다는 서글프지도 외롭지도 않지

* 하늘이 맺어준 귀한 인연

55

신새벽 울음 고여들 때

엄마 무릎을 떠나오던 그날부터
눈물 따윈 두려움에 떠는 꺼풀 속에 가둬버렸다
영혼 없는 다독임에 익숙해지면서
거짓 눈물샘도 말라갈 즈음

새벽공기는 끈적한 눈빛으로 창문 틈에 들어선다
곤줄박이 한 마리
솜털 갓 벗은 몸으로 가지를 움켜쥐고
막 틔운 연둣빛 울음 쏟아내더니
비의 날개를 타고 용케 눅눅한 방으로 스며든다
검은 천장만 겁석거리며 응시하는 눈매에
애처러운 신새벽 울음이 고여든다

차츰 푸른 빛으로 뽀송해지는 깃털
가벼워진 양털구름 타고 곤줄박이 비상한다
젖은 울음 기꺼이 말려주는 당신 앞에서
이제 센 척은 그만 할 거야

어머니의 가방

몇 뿌리인지 몇 번이나 세고서야 고른 대파 한 단
김 나는 두부 한 모는 그래도 수월하게 담긴다
코흘리개 아들놈 생각에
저잣거리 몇 바퀴 돌고서야 겨우 끊은 쇠고기 반 근
윤기 흐르는 장바구니에 어미는 미리 배가 불렀다

성당 갈 채비로 분주한 새벽
미사포까지 고이 접어 넣어도 헛헛한 가방
낼 모레 환갑 아들놈 오매불망 잘 봐달라고
주름 편 금빛 지폐 한 장 헌금봉투 채우면
그제야 배고픈 미사가방은 배가 불룩 일어나고

둘째야, 고추 갈아라

장마 치른 뒤안 채전밭은 풍성했다
고랑 내고 이랑 돋우며 거름낸 지 엊그제인데
얼갈이와 고추, 청사초롱으로 마주보고 섰다
마중물이 된 동네 아낙들의 입담에
앞마당 작두샘은 콸콸콸 아침을 열고
쩌렁쩌렁한 어미 목소리 방문을 두드리면
여드름 빡빡머리의 온종일 늦잠은 저 멀리 달아났다
둘째야, 일어나 고추 갈아라

　작두샘 들어선 우물 곁에서 몇 갑자 세월 지키며 푸른이
끼 켜켜이 껴입은 확돌, 이슬 털어낸 홍고추며 맨살 드러낸
마늘쪽이며 찹쌀풀 대신할 찬밥 한 덩어릴 품는다 세월에
빌붙어 닳아버린 절굿공이는 문드러진 이빨로 바득바득 김
치소를 갈아냈다 마디 굵은 어미 손이 얼갈이를 묻혀내고
마지막 남은 양념까지 훑어낸 속대 한 조각을 귀한 참깨에
버무려 아들놈 입에 넣어주신다

송곳니처럼 소리까지 날카로운 자동믹서기에
시장고추에 푸른이끼라도 한 줌 넣어
세월 지나도 시지 않을 얼갈이 김치 내고 싶은 날
전화 너머로 건너오는 맵지 않은 어미 목소리가 짠하다

58

타이탄과 팅커벨

보송보송한 솜털들 벌판에 나부낀다
문풍지 세차게 치받던 황소바람
거인은 왕년의 무용담 막걸리에 휘저으며
장끼 유혹할 콩미끼에 정성을 다한다
아침햇살 펼쳐 힘차게 올라타는 장끼
깃털만큼이나 화려한 비상을 꿈꾸다가
바람결 따라 거인의 허리춤에 머문다
그 겨울, 아비는 거대한 타이탄이었다

해거름 굴뚝연기 울타리 너머 아이들을 부른다
가물거리는 열 촉짜리 백열등에
부엌 으스름은 부스러지고
시답잖은 전기는 눈 몇 번 끔벅이다
호롱불에 자리를 내어주고 만다
넘치는 밥물에 뭉게구름 아우성치면
무쇠솥은 아가리를 벌리고
땟국물 까맣게 튼 고사리손은
속 노란 고구마 한 개로 환해진다
맵찬 그 저녁, 어미는 마술요정보다 빛나는 팅커벨이었다

느린 시간 느슨한 기억

이발소 아재의 잰 가위질은 어린 가슴의 콩닥거림을 한껏 부추겼다 서너 해도 더 입을 풍덩한 품, 몇 번이나 접은 소매와 바짓단은 금방이라도 터질 듯 설렘으로 나폴거렸다 일꾼들 새참은 뒷전, 할머니 타박쯤은 논두렁으로 흘려버리고 어미는 삶은달걀과 김밥보따리, 폴짝거리는 아이를 고모 손에 들려주었다 언제 출발할지도 언제 도착할지도 모르는 완행열차 반나절은 까치발 차창 밖 구경에 반나절은 고모 무릎에서 흘러갔다

첫 서울나들이, 육순 아이는 두근거리던 김밥보따리 고모 그리고 시간을 주물럭거리던 열차로 기억한다 오늘은 어느 역에서 그 느린 시간과 느슨한 기억을 더듬어야 할지

내 어버이의 비상구

봄빛 찰랑거리는 논뙈기에 모를 내는 사람들
기우뚱 기우뚱 새참 광주리에선
고봉밥 그득 사기그릇들이 달그락거리고
군침 도는 땟거리 넘쳐나는 논두렁에선
진흙으로 범벅된 품앗이 정이 왁자하다
끝 모를 농삿일은 시지프스 바위로 짓누르지만
미루나무 그늘에서 기다리는 막걸리 한 사발은
이고 있는 돌덩이 버티는 똬리였다

새벽 댓바람부터 도시락 공든 탑을 쌓는다
장남에겐 달걀 프라이 한 층 더 올리고
멸치볶음에 콩자반으로 동틀돌을 괸다
탑 쌓기가 끝나고 겨우 한 숨 돌리면
논두렁 일꾼 새참 준비가 시작된다
집안일은 뫼비우스 띠처럼 시작도 끝도 없지만
사카린으로 단맛 낸 미숫가루물 한 사발은
단내 나는 시집살이 멀찍이 내몰았다

경자 누나

손바닥만 한 똬리 위, 아슬아슬한 광주리
콧등 솜털 숭얼숭얼한 땀방울도
모내기 논두렁길 꼬부랑꼬부랑 뒤뚱거리지만
한 뙈기 광주리 그늘을 믿고 걷는다
입 하나 풀칠하기 어렵던 시절
가슴 가득 가난을 포개 담은
소녀의 시골 남의 집살이는 아질아질했다

누워있던 부지깽이도 두 팔 걷어붙이던 농번기
악동들의 짓궂음과 허드렛일로 눈물짓던 날들

여기가 예전 농약사 안집이 맞는가요
여리디여렸던 서글서글한 눈매가
단아하게 쓸어넘긴 머리칼에 세월로 남아있다
쓰거웠을 반백 년 훌쩍 뛰어넘은 오늘
한솥밥에 깃들인 옛정 더듬어
엷은 미소 띤 소녀가 대문으로 들어선다

까치밥 한 알은 남겨놓거라

마지막 잎새도 미련없이 내려놓았다
기와담장 옆 오래된 감나무
입동 앞둔 늦가을을
홍시 한 알로 데우고 있다
물 오르던 그 봄날 새싹을 떠올리며
옹이에 새긴 할머니 말씀 되새기는 시간

콩 반쪽 인심은 저 멀리서 버석거리고
눈물도 온기도 식어가는 세상
문지방 넘던 할머니 쉰 목소리가
시공을 넘어 가슴으로 와박힌다
누군가에겐 한 가닥 불씨를 지펴줄
빨간 까치밥 한 끼는 남겨놓아야지

달력을 반추하다

활자로 이앙된 절기들이 인쇄기름에 취한 걸까
곡우는 알아서 척척 논을 갈고
모내기에 한창인 하지가 비지땀을 훔치더니
성급한 처서는 가을걷이에 팔을 걷어붙인다
내친김에 한껏 진도를 빼시던 아버지
태산처럼 무거운 내년 농사도
세밑 저녁나절이면 얼추 끝이 나곤 했다
어찌어찌 얻은 달력을 겨드랑이에 꼬옥 낀 채로

어머니의 달력은 시집살이로 늘 빼곡했다
빨간 요일도 없이 달려오는 조상님들 기일
음덕이라곤 털끝 만큼도 없다고 구시렁대면
음력 날짜는 슬그머니 움츠러들었다
시누이들 생일은 왜 그리 눈치가 없던지
무엇보다 굵고 빨간 글씨로 자리 잡는 건
자식들 공납금 마감일이었다
어미는 시집살이 한 모 한 모를 달력에 이앙하곤 했다

위대하고 고달픈 유산들
한 장씩 넘기며 맞이하면서
또 넘겨지지 않은 남은 날들을 상상하면서
그 무게에 얼마나 짓눌렸을까

평상은 기울어지고

세 평짜리 마을회관이 열던 하루
불룩한 우체부 가방이 읍내 소식을 열고
푼더분한 방물장수 입담이 봇짐을 풀어놓았다
바쁘게 찧어대는 아낙들의 입방아
시답잖은 소문들 갖은 양념으로 주무르면
울퉁불퉁 마을은 평평한 웃음으로 펼쳐지곤 했다

세 치짜리 평상이 분주하다
입술과 손가락을 옮겨다니며
세상만사 부푼 빵 만들어 퍼나르고 있다
뾰족한 가시 댓글에 찔리는 사람들
우리들의 쉼터는 기울어져간다

오작교 흐르는 별부스러기 한 삽 떠다가
기울어진 평상 다리 받쳐 괴면
두런두런 별 헤아리던 그 여름밤
평평한 세상을 만날 수 있을까
변치 않는 북극성
제대로 눈 맞출 그날이 그립다

처녀비행
- 풍선놀이

후욱후욱
아빠의 입바람 풀무질에
풍선은 주름진 돛을 펼치고
걸음마 뗀 눈동자는 호기심을 펼친다

푸욱푸욱
볼퉁이에 실핏줄 한껏 번지면
넘실거리는 눈동자에 돛단배 한 척 떠오른다
돛대도 아니 달고 삿대도 없이
저 혼자 바들거리며 일어선 돛
입술 바싹 오므린 뱃고물만 믿을 뿐이다
딸바보 허풍선虛風扇이 순풍 불러 배웅하면
유유한 바람골이 삿대질을 시작한다

어리디어린 눈동자를 떠나는 풍선
까마득한 수평선을 훌쩍 넘어
처녀비행으로 활공한다

저 홀로 흔들리며

아빠, 손 놓으면 정말 안돼
꼭 붙잡고 있을 거란 믿음으로
기우뚱거리는 두발자전거는 균형을 잡고
긴장한 핸들은
비로소 길도 사람도 읽어낸다

팽이는 저 홀로 뚝심으로 서야만 살 수 있고
자전거는 죽기살기로 페달을 굴려야만 한다
달이 헐떡이며 지구를 뱅뱅거리고
지구가 저 혼자 슬슬 빙빙거리면
우주는 그런대로 평온을 찾는다

비바람을 뒤흔드는 버들가지
여린 박새가 또 다른 비상을 배우는 시간
시소놀음 우리들의 하루하루
수평을 꿈꾸는 내 기포방울은
언제쯤 잠잠한 앙가슴에 닿을는지

영원한 막내, 내 사랑

코맹맹이 소리에
전화선이 간지러워 배배 몸을 꼰다
거실 유리창도 덩달아 얼굴이 붉어진다
새끼들에게 모두를 수유해버린 아내의 마른 세월
한 방울 에스트로겐이라도 보충하려는 칭얼거림일까
젖가슴에 파묻었던 콧잔등
휴대폰에 한없이 비벼대는 막내딸 애교에
구순九旬 엄마는 아직도 애틋한 응석으로 받는다

숨도 버거워 신음조차 희미했을 첫 출산
탄생의 기쁨은 저만큼 밀어두고
달덩이가 된 얼굴과
굵어진 종아리를 고민하던 찐 막내도
골 깊은 세월만 거울 속에 여울진다

주체할 수 없이 넘쳐나는 주책없는 내 에스트로겐
이젠 영원한 막내, 당신께 수유하렵니다

제재소, 고봉으로 톱밥 지으면

톱날 세우는 낌새에
탱자나무는 날카로운 가시를 세웠다
둘러업은 금강송 몇 덩이에 트럭은 비틀거리고
시커먼 엔진소리 힘겹게 그르렁거리면
매캐한 숨은 허공을 허우적거렸다
추석 대목 시장길 겨우 헤치고 나서야
시골 제재소에서 풀곤 했던 우리 고단한 여장

악동들의 비밀통로가 되어준
탱자나무 울타리 개구멍
주인장 몰래 쥐어온 몇 움큼 톱밥은
찬밥처럼 식어버린 아궁이를 모락모락 덥혔다
쇠톱 켜는 소리엔 한여름 매미도 꼬릴 내렸다
그제서야 제재소는 고봉으로 톱밥을 짓고
어미는 고슬고슬한 햅쌀밥을 지으셨다

제 4 부

쳇쳇대며 딥딥거리며

인터스텔라 울산

기나긴 지난 여행은 별스러워 별이 되었습니다

낯선 시간이라는 외줄을 타던 첫날
벌벌거리던 두 다리는
어느덧 훨훨 나는 어름사니로 깨어나
틈바귀마다 손 내밀어
가뭇이 잠든 꿈들을 틔웠지요
태화강은 빠듯한 내 공간에 호사를 띄우고
가지산은 빼곡한 시간에 곧잘 해찰을 부렸습니다
지난 시간들이 늘어진 슬로비디오로 물결집니다

기억들은 용암溶暗으로 흩어져 안타깝지만
내 숨결 곳곳 당신이 참견하던 그때는
지금이고 싶은 추억으로 돋아납니다
백만 광년을 순간이동하더라도
알 수 없는 시간만큼 연착하더라도
당신 향한 블랙홀 통로는
항시 카운트다운 중입니다

지금도 그곳은
별스러운 현재진행형 여행입니다

어떤 양자론_{量子論}*

쪼개고 더 쪼개어 부수고 더 부수어
꼭꼭 접힌 그곳까지 들춰봐야만 했나요
거기 어디쯤 있겠거니
미적거리고 앉았으면 좋았을 걸
미주알까지 까발린 미련퉁이
건드린 건 기껏 판도라 상자뿐이고
뭣이 중한지는 찾아내지 못했네요
섣부른 호기심은
달달했던 콩깍지만 벗겨버렸지요

자잘한 번민이 파문처럼 물결집니다
궁금함은 한켜 한켜 부피를 키우지만
이젠 관심도 간섭도 자유롭게 날아다니네요
맥박이 심심찮게 꿈틀거리는 그곳이
수백만 광년 안드로메다일지라도
시간 차 없는 사랑으로 얽히기 때문이지요
한없이 어루만지고 싶고 마주 보고 싶은 간절함도
이젠 두 눈 꼬옥 감고 참을 수 있습니다

* 고전(뉴턴)역학이 설명할 수 없는 양자(물질의 최소 단위)운동에 대한
  학문, 현대물리학의 한 분야

스마트한 그들

고스란히 밤새운 침묵이 기지개를 켠다
오늘 하루도 캐논 변주곡보다 요동치는 파장으로
변곡을 거듭하겠지
이모티콘은 속 모를 샵(#)을 자극하며 스마트함을 과시하고
끝없는 언택트는 우울한 플랫(b)으로 톡톡댄다
우리들의 갈급함을 금방 읽어내는 그는
이 시대의 애착인형으로 살고 있다

지하철에 빼곡한 건 여전한 침묵들
아등바등 매달린 손잡이들 틈새로
흔들리는 삶들이 끼어든다
나는 투명한 차안대遮眼帶*를 고쳐 쓰고
그저 앞만 향해 달린다
그는 내게 여전히 진행형 사랑

목적지를 내뱉는 스피커의 쉰 목소리
이제 그는 스마트하게 뒷주머니로 퇴장하고
나는 덜렁덜렁 生의 무게를 재며 계단을 오른다
이 계단이
스마트한 세상으로 가는 길이기를

* 시선을 차단해 앞만 보고 달리도록 하는 경마 장구

75

영결보다 연결

고개 숙인 침묵은 미동도 없다
속 모르는 엄지가 문자판을 날렵하게 뒹굴고
겁먹은 눈동자는 세 치 화면을 흔든다
맘만 겨우 날아드는 허공을 붙잡고
어설픈 끈을 이으려 안간힘 하면서
몸만 풍덩 던져놓은 여기에선
인연의 끈을 맥없이 놓아버린다
대책 없는 연결 본능이
애달픈 영결을 엮고 있는 지금

개미들의 봄날

무릎에서 사고 어깨에서 팔면 돼
이런 돈벌이라면 땅 짚고 헤엄치기지

이번 딱 한 번만이야
들보로 세워둔 전세금을 뽑는다
주전부리값이라도 벌어보자는 초심은
공수표 되어 날아가 버리고
투기가 아니라는 손사래가 허공을 나부낀다

죽을힘 다해 일만 해온 개미들
죽는 날까지 쉴 수는 없지
녹두장군도 몰랐을 동학개미 머리띠를 싸매고
일면식도 없는 여왕개밀 위해
그래프만 읽는 서학개미로 밤을 지새운다

개구리가 뜀박질로 여는 말랑말랑한 봄
어딘지 모를 무릎엔 팔팔한 용수철을 끼고
언젠지 모를 어깨엔 뽀송뽀송한 날개를 달고
가늘디가늘어져 주눅든 허리
쭉 펴고 하늘 볼 날 와야 할 텐데

디지털 인간, 아날로그 불빛

명도에 사활을 거는 LED 하이에나들
샅샅이 허공을 후벼파 밤을 먹어치운다
살아 있으라, 한 순간이라도
뚝심으로 지켜낸 보석같은 어둠인데
이젠 한 모금 숨도 버겁다
프로메테우스가 훔쳐다 준 아날로그 불씨
끝내 돌연변이 약탈자에 쫓겨
비루한 운명에 불을 댕긴다
지척에 깔린 시퍼런 탐욕
수억 광년 푸르던 은하수를 말려버리고
정수리에 탱글탱글 매달렸던 북극성도
가물가물 맥없이 스러져간다

깨끗한 불씨 다시 받아
오염된 어둠 닦아낼 수 있다면
왼손 베개로 평상에 누워
오른손 검지로 헤아렸던
그 여름밤 생생한 별빛들, 불러올 수 있을까

곳에 따라 비

아침부터 기상캐스터는 몸맵시를 자랑한다
지도를 장기판 삼아
차車는 우산을 펼치고
포包는 태양과 눈 맞추고
후줄근한 졸卒에겐 비를 퍼붓는다
묘수를 찾는 어여쁜 점쟁이는
새벽부터 말들을 요리조리 옮겨본다
구름 많은 오늘
신의 한 수는
곳에 따라 비
대책없는 일기예보가 최고의 족집게

요지경을 꿈꾼다

여름 설악은
학처럼 머릴 빼고 바람 한 점을 고대한다
면사포구름이라도 쓴 양
새색시 대청봉은 사뿐히 그늘을 내리고
눈앞에 어른거리는 동해는 지척인데
닿지 않는 손길에 영랑호*는 애면글면 애가 마른다
애달픔 삭이는 건 세월의 몫
넉넉한 품 펼쳐놓고
빈 곳 점점이 쪽빛 하늘을 담는다
투명한 샛바람 잔물결 다독이면
완벽한 설악 데칼코마니가 단숨에 들어선다

억 단위 화소로 치장한 디지털 TV도
화려한 가상 현실에만 침 흘리는 넷플릭스도
그저 사이비 요지경에 흔들릴 뿐인데
이참에 곤륜산 서왕모西王母라도 불러내어
하릴없는 영랑호와 함께 딩굴어대면
하늘 아래, 진정한 요지경 누리고도 남겠다

* 영랑호 : 신라시대 화랑, 영랑이 발견했다는 속초의 바다와 격리된 석호潟湖

소리없는 방울로

열 길 제 속까지 내보이는 태화강은
시린 눈물 차곡차곡
대나무 숨결에 채웠습니다
흰새벽 방울방울 매단 당신 눈망울은
머슬머슬 말라가는 눈물
벽돌처럼 켜켜이 쌓았습니다

내 오롯한 서글픔도
눈망울 가득 넘실넘실 차오르다
깊고 깊은 주름골로 흘러갑니다
그때 그대 품에선
방울 하나 못 만드는 흐느낌이었지만
그대 떠나간 지금은
소리조차 말라붙는 방울들로 흩어집니다

쳇쳇대며 딥딥거리며

쳇쳇대며 혀를 차던 누리꾼들
오늘은 딥딥거리며 시공을 파고 또 판다
알아서 척척 배우겠다니 회초리도 필요 없네
밥만 잘 먹이면 될 것 같은 요 녀석
정보씨앗 뒤꽁무니 쫓으며 걸근댄다

배우고 때로 익히면 즐겁지 아니한가
공자님께 긴급전화라도 돌려야 하나
논어 한 줄 더 큰 활자로 더 써야 한다고

부산한 쳇나부랭이들 된바람에 까부르고
심오한 척 딥딥대며 제 지능을 과시한다
고봉밥으로 키워낸 요 녀석
촌철의 지혜나마 흉내 낼 수 있을까
밤새워 연애소설을 먹인다면
로미오와 줄리엣의 심장을 토해낼 수 있을까

귀향하는 기러기 날개 붙들고
좀 쉬었다 가라고 정월 대보름달 불 밝히는데
꽁꽁 외면당하는 아날로그 지능들
기러기 따라 타향으로 가버리면 어쩌나

구름이 가는 길

나를 이루는 작은 입자들이 허공을 유영한다
씨앗처럼 흩뿌려진 땅의 인연을
하늘이 정성껏 아우른다
단색구름으로 장막 치고 외로운 척하더니
무언극의 주인공처럼
어느새 신바람 난 옥구슬은
천상과 지상을 굴러다닌다

지나가는 볕뉘 한 줄기
장막을 벗겨내고 무대는 바스러진다
눈물 한 입 머금은 채
우렁우렁 소리내어 울어줄 녹슨 양철지붕 찾아
안식의 빗물받이에 걸터앉는다

쳇, 챗GPT

슬몃 모음이 자음의 허리를 껴안는다
둘레둘레 눈치 살피는 염치도 버렸나
속까지 들여다보이는 각진 방
안단테로 시작할 땐 좋았다
프롬프트는 엉큼한 눈 끔벅이며
알레그로 몸짓으로 쏟아내는 낱말 정돈에 호들갑이다
요리조리 짜깁는 솜씨, 세탁소가 뒷걸음질치고

지독히도 똑똑한 기계사람
냉혈한으로 태어나길 정말 잘했지
게걸스럽게 먹여키운 지식에
영혼 없는 IQ로 머리만 무거워지는데
속도를 놓친 영혼들은 멀미곡선을 타는데

거짓말도 습관처럼 뿜어대는 민낯 앞에서
우리들의 한기는 과연 녹여질 것인가
쳇, 글쎄

살구 한 봉다리

뒤꼍 살구나무 장독대만큼이나 거죽이 늙었다
춘풍에 어울려 교태를 뿜어내던 행화杏花
그해 여름 초입은 알알이 꿈을 맺었다
장맛비 개고 푸른 새벽 고여드는 틈새
떨어지는 열매들 옹기 뚜껑 물을 튕기면
눈 비빈 조막손엔 한 움큼도 넘는 달콤함이 재잘대고 있었다

옹기들 배 밀고 늘어선 장독대도
빗소리 볶아대던 양철지붕도
신식 콘크리트 옥상에 그 자리 내준 지 기억 없고
누군가가 심었을 또 다른 살구나무는
전설 품은 앞마당으로 초여름을 지킨다

하룻밤조차 손사래로 밀어내며
고봉밥 한 숟갈도 뜨는 둥 마는 둥
얼굴만 내비치고 무심히 떠나는 아들놈에게
허리 굽혀 담았을 살구 한 봉다리
애달피 건네는 마른 손, 차창 너머로 멀어진다

찌걱찌걱 곰삭을 준비

갯골을 거슬러 돌아온다, 달맞이 나섰던 썰물
물 들어올 때 힘쓰는 이가 뱃사공뿐일까
갯가 한 쪽을 소작부치는 몸은
자나깨나 짠물 한 바가지라도 대어야
밭이라는 명색이나마 부지할 수 있다
고달픈 일상들로 불거져버린 종아리에게
시지프스의 형벌이 시작된 건 이미 오래
찌걱찌걱 무자위 쳇바퀴는 돌아야 한다
야윈 그림자가 찰랑찰랑 소금밭을 어슬렁거릴 즈음
염부의 하루는 소금가마 앞에서 한숨을 돌린다

휘적이는 하늬바람에
짠내나는 시간들이 씨알로 떨궈지면
하얀 단내로 꽃들은 피어난다
유월새우가 살집을 불리기 시작하면
곰소만灣의 삶들은 곰삭을 준비를 끝낸다

그녀의 그릇들

홈쇼핑에서 샀어 세일하길래
쑥스러움은 묻지도 않은 대답 뒤에 숨고
멋쩍은 그녀 웃음에 알량한 심술은 부끄럽다

유학길 소꿉살림 이민가방은 어설프기 짝이 없었다
학교 원룸은 토끼 새끼 두 마리에 터져나갔고
가끔 콧구멍에 신바람 들락거리던 아울렛 나들이가
그녀의 유일한 비상구였을지도

진흙 속 진주알 찾기가 이런 걸까
어둠 쌓인 창고에 포개고 포개어진 리퍼브* 그릇들
캐내는 보물 위에 포개어지는 허리 통증은
자작으로 읊조리는 노동요가 어루었다
로얄알버트 포트메리온 로얄달~턴...
세일이야 세일, 한국에선 서너 배는 비쌀 걸
신문지로 몇 겹을 싸매 건너온 그녀만의 그릇은
거실 장식장 명당을 차지하고 있다

으스름 딛고 건둥 떠오른 그날 그 보름달
차창 밖으로 멍때리던 연탄콧구멍 쑥대머리에겐
고향 품은 푼푼한 달항아리였을 것이다

* Refurbished : 반품이나 전시 등으로 흠이 생긴 제품을 새로 단장하여
  정품보다 싸게 판매하는 상품.

완생完生을 꿈꾼다

드넓은 우주에 가로 세로 열아홉 먹줄 새겨져 있다
목숨 건 줄타기에 가슴은 오늘도 타들어가고
호기로 펄럭이던 허기진 깃발
아득한 중원을 찾아 나서보지만
숨통 죄는 패싸움에 변방도 이미 변방이 아니다
호시절이라 벙글거리던 꽃놀이패는
헛발질에 빛이 바래고
몸 하나 맡길 방 한 칸 묘수조차 절박하다

실수는 있어도 영원한 패착은 없는 법
거미줄처럼 이어온 육십 줄 미생 행마는
저만치 흔들리는 완생의 그림자를 향해
비틀걸음 몇 발짝 떼어놓는다

피그말리온*의 간절함으로

바위틈 애기단풍 한 그루
새로운 세대를 준비하고 있다
목마른 입성 끝에
땀 절은 속곳은 벗어던지고
나무 안의 나무임을 핏줄인 양 기억하며
나무답게 살아내려 비좁은 기지개를 켠다

피노키오들이 설쳐대는 야바위 거리
손가락은 한사코 남의 코만 가리키는데
버석이는 지푸라기 인생들은 껍데기로 살아간다

갈라테이아의 산 숨결을 흠모하던 피그말리온
간절한 사랑은 끝내 몸속 깊이 스며들어
사람 안의 사람임을 기억하며 참살이를 시작한다
마른피 흘리는 이 가을
피노키오들의 코는 진실을 얘기할 수 있을는지

* 그리스 신화의 조각가, 자신이 만든 갈라테이아 조각상을 진정으로
  사랑하여 사람으로 환생시킴

제 5 부

민들레에게 만시挽詩를

물때 낀 세월로

해송그림자, 빈 갯바위에 들어앉는다
푸른 숨비소리 포말로 흩어지는 곳
좀처럼 앉지 못하던 고무신 한 켤레
가녀린 숨 맘졸이며 기다리고 있다
가지런히 가지런히 매무새 다듬으며
탈피를 위한 의지는 결연해지고
다시 돌아올 믿음 바짝 당겨 고무신을 꿰맨다

물때 낀 세월로 견뎌낸 등걸같은 삶
유려한 물질로 바다를 희롱하면
세상 멍에 벗겨질까
비로소 땅의 속박에서 풀려나는 시간
갯바위를 떠난 해송그림자 바다로 길게 몸을 뉘면
고무신 고쳐 신고
앞섶 매만져 소금풀 되먹여
아침보다 가벼워진 해거름 메고 집으로 간다

때를 벗어야 새해가

목욕탕 건너 만둣집 찜통은
어둑살이 내려도 쉬질 않았다
숨 가쁘게 내뱉는 하얀 입김에
어스름녘 세밑 쭈뼛뿌뼛 물러갈 때쯤
설날맞이 목욕 가는 날
아비 손에 땟국물만 겨우 흘려보내고
목 빼고 침 흘리던 뽀얀얼굴은
주먹만두 한 알 짭짭거리며
달콤한 한 살도 미리 먹곤 했다

소주 한 잔 걸친 뽕짝 가락이
골목 초입부터 세밑을 들썩거릴 때
고대하던 아비와의 만두목욕이 물 건너가고
정짓간 삼십 촉짜리 백열등 목간통에서
살점마저 떨어져나갈 듯
등짝에 새겨지던 붉은 신작로는
한숨 섞인 어미의 소박한 분풀이였다

달아나는 내 발길 만두 한 알로 붙잡아놓던
설렁설렁 아비의 투박한 손

애꿎은 내 등짝에 하소연하던
아릿한 어미의 달아오른 손
오늘 푹푹 내리는 눈발로는
당신들의 손길 덮을 수 없는데

그 여름날

기우뚱 기우뚱 왕초보 두 발 자전거 운전사
무릎이 땅에 쓸릴 때마다
찔끔 찔끔 피와 눈물이 뒤섞인다
아슬아슬 두 바퀴 가까스로 중력을 따돌리면
손뼉치며 다가서는 아빠 손길에
생채기는 새살로 발돋움한다

뚝방길 맥없이 무너지던 그 여름날
지하차도 출근길은 천리만리길
소용돌이치는 흙탕물 속으로
풋풋한 해병대원 그렇게 떠나가고
뚝방만큼이나 가슴도 허물어져
참척慘慽의 몸뚱아리 묻을 자리조차 없다
세월의 손길이라도 나사렛의 기적이라도 와준다면
지워지지 않을 상흔
매끈한 아기 속살로 살아올 수 있을는지

끝나지 않는 여름

체면치레도 떨쳐버리고
입추는 궁상만 떨고 있다
매미울음은 비등점만 한껏 올려놓고
어디로 갔는지 행방이 묘연하다
스마트폰 볶아대는 폭염문자만
속없는 힘자랑을 하고 있을 뿐

난데없는 온난화의 겁박에
지구별의 신음은 아스라이 멀어진다
기후변화 경광등은 저 홀로 끔벅거리며
단말마의 비명을 질러대는데
세상은 그저 귓등 터럭 한 올로 날려버린다
끓는 물속인 줄 알면서도
우물 밖 이야기로 믿고 싶은 나는 개구리
재앙은 하늘과 인간의 합작품인데
제 탓은 멀리 까불어버리고
애먼 하늘 탓만 한다
더위 한 자락 밀쳐내지 못한 처서도
머쓱한 웃음 짓는, 끝나지 않는 여름

내 맘보다 남의 눈

처마끝 아른거리던 햇살
안방 가득 눌러앉는다
또각또각 단정히 등교하는 건넌방 단발머리
아침바다 윤슬이 이보다 반짝일까
호기심 조리개는
문창살 창호지에 구멍을 뚫는다
떨리는 망막에 스크린을 걸어두면
영사기보다 날렵한 눈빛은
소녀를 흑백으로 담아낸다

바흐 선율에 갑자기 레스토랑이 근사해진다
핏물 자작한 미디엄레어 스테이크
포크보다 재빠르게 카메라가 달려든다
명품관 핸드백도 지중해 풀빌라 비키니도
5G를 탄 자랑질에 하늘이 어지럽다

내 맘보다 남의 눈이 소중한 시대
메타버스 세상이라 그냥 눙쳐버려도 될까
흑백소녀를 향하던 그 콩당거림
아날로그 휴대폰 첫 통화의 설렘이 그립다

白手와 白雪

白手 3일차
때맞춰 쏟아진 하얀 눈
내 노는 손과 이리도 잘 어울릴 줄
그 어울림 더 잘 버무리려
눈 덮인 관악산에 간다, 오늘

늦동백 오솔길

비바람 소리만 정박해 있는 새벽 강구안 포구
동피랑 담벽에 빗줄기 그으며
노란 가로등은 건들건들 무성영화를 쏟아낸다
소주 몇 잔에도 눈빛은 더 또랑해지고
게스트하우스 유리창은 물결따라 맘껏 흔들린다

첫배 타고 서둘러 오른 망산望山 초입
스스로 던져버린 지난밤들이
제 몸 씨줄 삼아 양탄자를 깔아놓았다
약산 진달래도 못 되는 것이
부질없는 몸뚱아리 흩날리려 그리도 단장했나
저리도 빨리 가려 입술 달싹거렸나
붉게 물든 늦동백 오솔길엔
소쪽이 만가 소리 드높다

농염 속 오월은

봄날 댓잎바람 태화둔치에 몸을 푼다
홀로 붉어가던 저고리 못내 민망한, 은월봉
잎 바랜 쪽동백으로 갈아입는다
떨기마다 진주 품은 물참대 앙가슴 풀어
팔레트를 채워가는 오월 그 어디쯤에서
짙은 그늘 속을 항해하는 나를 만난다

버석한 가지 가지 이슬 어린 샛바람 불어넣으면
자드락길 따라 낮달맞이꽃 가로등처럼 피어난다
슬도 등대를 간질이는 산호 물빛
끝내 동굴 속 제피로스를 불러내면
파도는 차오르는 숨을 안고
엎드렸다 누웠다 하얀 포말로 부서진다
농염 속 오월은 차가운 은하를 꿈꾸는지도 모른다

그렇게 봄날은

- 맹방孟芳해변에서

원산에서 삼척까지 한참을 누벼온 명사십리明沙十里
언제부턴가 이름값을 못하고 산다
포세이돈이 부려놓은 바다
네 다리로 버티고 선 테트라포드도 힘에 부쳐
메두사 머리카락처럼 엉겨붙어 버렸다
썩어가는 물속까지 어지러워
파도는 가슴을 치고
해당화 향내 먹고 살던 백사장엔
곪아터진 모랫바람만 서걱거린다
수묵담채화로 앉아있던 모래언덕
링거에 몸통까지 내준 노송 한 그루만
지나간 시절을 되새김질하고 있다
한재大峙 넘어가는 개나리 꽃바람길 사이로
봄날의 기억이 흔들린다

미친 밤을 불꽃놀이와 함께

공중 한몸에 은밀한 눈길들이 따라간다
산화제와 금속분말이 어우러지는 불꽃놀이 한 마당
티없는 밤하늘엔 국화가 숭어리째 피어나고
윤슬도 숨죽이는 한강 수면에선 연꽃이 만발한다
끝없이 커지는 동공들의 함성으로
가을밤은 환하게 환하게 깊어간다

괴기한 춤사위를 벌이는 요단강 불꽃들
악연일까 구원일까, 흔들리는 폭약은
방향을 잃고 미친 밤을 달린다
젖과 꿀이 흐르던 그 옥토엔
찢겨진 희망과 검붉은 미래가 뒤척이고
산화한 자의 절규와 산자의 시름이
가을밤을 물들이고 있다

천만 근 모루*를 밀어내며

몇 파장 빛조차 나락으로 굴절되던 날들
백 겹의 빛을 모아도 그 암전暗轉 씻어내지 못했다
차라리 블랙홀이면 찰나의 시간으로 돌아갈 텐데
맷돌짝에 짓눌렸던 수많은 가슴들
공기 한 줌도 턱턱 걸렸다

비로소 크게 놓아주는 내 숨, 내 숨결
어둠에 갇힌 창으로 연두바람 들고
새벽 여는 가슴들이 새근거리면
오월 프로메테우스, 실록의 불꽃을 댕긴다
천만 근 모루 밀어내는 마스크들의 손바람
아까시 향이 스며든다
가벼운 만큼 검질겼던 더께
한올 한올 벗겨버려야지

* 대장간에서 달군 쇠를 올려놓고 두드릴 때 받침으로 쓰는 쇳덩이

우담바라보다 벼꽃

벼꽃송이들 올해도 사람들의 이목을 피해 몰래 피었다
갓 틔워낸 새치미
녹색으로 그을린 볏잎사내들이 호위한다
끈적거리는 꽃단장 분칠도
매파의 수선스런 날갯짓도 필요치 않다
씨알 담을 푼푼한 씨방 한 칸에
건들바람 한 올만 살짝궁 들어오면
붓다의 입꼬리는 저절로 곡선을 탄다

수천 년을 엎드려 보시해온 논두렁 꽃송이
만져지지 않는 삼천 년 만의 상서로움보다는
우리 찰나의 중생에겐
알짜배기 우담바라가 아닐는지

허공을 꿈꾸다

오가는 시간들이 바르작거린다
내 안의 그것과 내 밖의 그것이 뒤섞여
이제 내 안의 모든 것들
이미 내 것이 아니다

허공을 꿈꾸는 머릿속
잊어버리려 떨쳐버리려 바르작거린다
시답잖은 문자질로 어둠을 희롱하다가
소주 한 잔 투명하게 털어 넣으면
희붐한 걸음으로 깨어나는 밤

새벽달빛 한 가닥
창틀에 매달린 원룸 한 편으로 부슬거릴 즈음
서푼어치 멋부림에 건둥 오른 글귀 하나
나는 다행히도 맑아지고 있다.

비우라고
잊어버리려 조바심 말고
그저 무심히 허공을 꿈꾸라고

삼신할매, 기분 풀고 도와줘요

저녁 밥물 내음에 어스름이 먼저 달려나간다
온 골목 넘치게 몰려다니던 코흘리개들
갈라 터지는 손등 따라 웃음보도 터져 나왔다
엄마 호출에 하나둘씩 둥지로 찾아든다
삼신할매 베이비붐이란 영어도 몰랐을 텐데
눈코 뜰 새 없이 윗마을 아랫마을 오갔을 것이고
어찌어찌 점지해준 새끼농사는 온 동네가 거들었다

과로에 노환이라도 나셨나
시건방 떨어대는 세상이 눈엣가시였나
해파랑길 걸음걸음 이천여 리
더께더께 먼지가 지키는 빈집들
하릴없는 파도가 지키는 둥 마는 둥
빈 벽에 매달린 안방 액자 사진틀엔
코흘리개들 침묵만 세월에 갇혀 있다

우중충한 세상사 말끔히 걷어낸 봄날
술 한 잔 곱게 걸러 지극정성 올리자
삼신할매 이불 털고 기지개 켜시면
담장 넘는 갓난이 울음소리에
낭랑한 책소리는 푸석한 도회를 적실 거야
묻혀진 삼희성三喜聲* 그날이 다시 올 거야

* 집안이 잘되는 세 가지 소리 : 글 읽는 소리, 아기 우는 소리, 다듬이질 소리

그 짐 힘이 되어

삼신할매로부터 날아든 한덩이 짐
숯조각 금줄에 매달려 하늘을 연다
발송은 무려 열 달 전
DNA 이정표 따라
캄캄한 나선螺旋을 더듬거리다가
응애응애 드디어 배송 완료
짐덩이 열 개가 줄줄이 배송된 시절도 있었는데

새내기 가시버시호號가 출항한다
무거웠던 그 짐, 보물이 되어버린 지금
짓눌리는 어깨 휘어지는 허리가 대수일까
막막한 굼늬가 앞길을 막을 때
암담한 물마루를 가뿐히 넘자면
묵직한 바닥짐* 꼭 필요한데
믿음직한 그 무게중심으로
아득한 저 수평선 품을 수 있는데

* 평형 유지를 위해 배의 아래쪽에 싣는 무거운 물건

108

福짓고 福받고

지어보기나 했나 福이란 것
푸짐한 말잔치로 밑밥만 깔아놓고
날름날름 받아먹기만 해놓고선
하긴
애시당초 줄 생각은 손끝만큼도 없었으니
찐마음 오고 가지 못했던 거지

福받을 준비 하고 있긴 했었나
오는 길 바람길 다 막아놓고
대문 쪽문 빗장 꽁꽁 걸어놓고
福 안 온다 하늘 탓만 되우 토해놓는다
하긴
미리 헤아릴 줄 알았다면
마음으로 길 닦아 대문 열고 있었겠지

대문 앞 말끔히 쓸어놓고
들어오는 福 두 손으로 받아야지
그리고 그리고
받은 福 다복다복 모아 모아서
대문 열어 마음 다해 나눠줘야지

민들레에게 만시挽詩를

꽃다운 시절, 있긴 있었던가
샛노란 찰나의 기억은 허공을 메우고
노류장화 기막힌 희롱은 담벼락을 들쑤셨다

새벽을 붙잡고 찬이슬 견뎌낸 꽃대
휑뎅그렁하게 남은 면사포 한 자락이
날아가지 않는 자존심인 줄 알았다
홀로 털어낼 수 없는 굴건임을
가슴 죄며 깨달을 때까지는

나부끼는 만장조차 시들어버린 지금
절실한 건 살랑거리는 바람 몇 송이
쭉정이는 훌훌 하늘 보며 까부르고
부여잡은 갓털에 씨알 하나 맡기면
모를 일이다, 어떤 척박한 生 하나
험한 세상 사뿐히 건너갈지도

노마드적 삶을 향한 시의 여정

이 자 영
(시인·울산대학교 사회교육원 주임교수 역)

시는 근원적으로 삶을 바탕으로 하여 인생에 대한 의미와 가치를 서정의 현紘으로 형상화 하는 언어 예술의 한 단편으로 극기와 성찰이라는 자기수행으로부터 출발되는 자신의 정서 표출 본능에서 그 발생 동기를 찾을 수 있다. 본능보다 강하고 진솔한 욕망은 존재하지 않는다. 시의 발생과 창작 동기를 그곳에서 찾을 때 시의 존재는 시인에게 있어 근엄한 삶의 계시이자 지향점이며 생명 그 자체의 발현인 것이다. 허명을 자랑스럽게 달고 사는 오늘날 많은 시인들은 삶보다, 본능보다, 교과서적인 시어의 조탁彫琢에 매몰되어 있는 게 사실이다.

시를 음미하는 일은 소설을 읽는 일과는 다르다. 소설에서 독자들은 작가가 지어낸 공간을 종횡무진하는 인물들을 통해 삶과 인간, 그리고 현실세계에 대응하는 자신의 모습을

성찰하는 계기를 갖게 된다. 이에 반해 시를 통한 독자들은 삶과 현실세계에 대한 직접적 성찰보다는 감금되어 있는 내면세계의 빗장을 풀고 오래도록 칩거해 있던 자신의 본성을 시 속의 상황과 조응시키면서 그 상황에 자신이 함몰되어 가는 수순을 밟게 된다. 그 함몰되는 정도를 두고 시가 베푸는 감동의 진폭을 가늠하기도 하지만 대부분 시 작품들은 시인이 시 속에 형상화해놓은 세계가 바로 그 시를 감상하는 독자 자신의 세계인 것으로 인식하게 한다. 훌륭한 시인이 쓴 좋은 시일수록 더욱 그러하다. 이른바 동화현상同化現象이다. 시의 긍정적 효용가치가 아닐 수 없다.

이동만 시인이 생애 첫시집『나와 아지랑이 사이』를 펴낸다.

등단 후 3년 만의 쾌거이다. "이 세계의 모든 것은 한 권의 책에 도달하기 위하여 존재한다"라고 갈파한 프랑스 시인 말라르메의 명언처럼 이동만의 시집엔 그가 걸어온 이순의 삶이 진실된 목소리로 빼곡이 채워져 있다.

총 85편의 시 작품으로 엮인 이번 시집은 <제1부> '손금, 그 쉼없는 물곬', <제2부> '나와 아지랑이 사이', <제3부> '타이탄과 팅커벨', <제4부> '쳇쳇대며 딥딥거리며', <제5부> '민들레에게 만시挽詩를' 등에 나누어 담고 있는데 차별화된 감성과 사물을 포착하는 영감(inspiration)의 예리함을 시

전편에 선보이고 있다.

검룡소 물곬은 마를 틈이 없다
여리디여린 목줄기 곧게 세워
금대봉 자락 모금 모금 축여주고
실개울 다발로 엮어낸 아우라지는
모내기를 기다리는 논뙈기에 물꼬를 열어젖힌다
억겁의 물타래를 묶었다가 풀었다가
그예 물샐틈없는 운명선으로 펼쳐졌던가
저만큼 생명선이 꿈틀거린다

쥠쥠 도리도리 짝짜꿍
때론 조물거리다가 때론 쥐락펴락하다가
물곬은 깊어지고 넓어지며
가로젓는 도리보단 끄덕이는 도리를 배운다
첫 돌배기가 어른이 되고
꼬막손 실금이 우렁찬 물곬 되어
삶의 굽이 굽이 튼실한 금타래 펼치기를

- 「손금, 그 쉼없는 물곬」 전문

손금에서 착상한 우수한 시편이다. 저마다 지니고 사는
손, 손 안의 물곬이 다름아닌 손금이다. 우린 태어나면서부
터 갖고 나온 이 자잘한 실금들을 운명선이라 명명하며 기대
도 하고 탄식도 하며 살아간다. 하지만 시적화자의 시선은

사뭇 특별하다.

'검룡소 물곬'과 '손금'을 동일시 하여 중의적 기술로 앉혀놓은 시의 맷집이 만만치 않다. '검룡소 물곬은 마를 틈이 없다' 우리네 손금 속 실금 같은 '실개울 다발로 엮어낸 아우라지는' '억겁의 물타래를 묶었다가 풀었다가 / 물샐 틈 없는 운명선으로 펼쳐'져 쉼없는 생명선으로 꿈틀거린다. '쬠쬠 도리도리 짝짜꿍'으로 커지고 굵어진 우리들의 손 안엔 이렇듯 깊어지고 넓어진 물곬이 마르지 않는 생명선으로 흐르고 있다.

코발트 바닷빛에 희붐한 새벽이 타오른다
양포항은 햇귀 한 가닥 타고 아침을 맞고
수평선 끝자락에 갇혔던 하늘
포구를 가로지르는 고깃배에 포말로 부서진다
구름을 풀어 떠나있던 샛바람 불러모으면
권태로운 일상들 나풀나풀 잰걸음을 시작한다

쟁글거리는 뙤약볕 다발로 쏟아지는 걸음마다
모랫가루가 땀방울로 질척거린다
의욕만큼이나 가벼웠던 발걸음
하늘조차 천만 근 등짐으로 내려앉아
솔가지 성긴 해변 그늘을 찾는다
오, 얼음 동동 떠다니는 미숫가루 한 사발이여

어느덧 해바라기는 해넘이를 쫓고
구룡포 앞바다엔 윤슬이 내린다
읍내 저잣거리 들기름 한 병에 해파랑길 넘치도록 담아
초저녁별이 시동을 거는 버스에 오른다

- 「새벽에서 초저녁까지 - 해파랑길 따라」 전문

    이동만 시인의 이력은 예사롭지 않다. 국내 최고의 대학에서 컴퓨터 공학을 전공, KAIST에서 정보통신공학을, 미시건 주립대에서 경영학을 전공한 그의 지적 면면을 살펴보면 시인의 길과는 다소 거리감이 느껴진다. 단언컨대 그는 노마드(Nomad)적 삶을 지향하는 엘리트 중의 한 사람이다. 들뢰즈는 특정한 가치와 삶의 방식에 얽매이지 않고 끊임없이 자기 자신을 바꿔 나가며 창조적으로 사는 인간형에 철학적 의미를 부여하여 일찍이 노마드란 용어를 사용한 바 있다.

    이동만 시에는 자연 곳곳을 찾아 떠나는 트레킹 여정이 심심찮게 등장한다.

    '양포항은 햇귀 한 가닥 타고 아침을 맞고 / 수평선 끝자락에 갇혔던 하늘 / 포구를 가로지르는 고깃배에 포말로 부서진다' 첨단을 걷는 공학도 시인의 감성어린 시선들에 감탄이 절로 나온다.

    모든 시적 행위는 체험을 토대로 이루어진다. 시적 체험이라는 것은 일반적 경험의 일부를 뜻하는 게 아니라 나만의 시각으로 바라본 특별한 사항을 일컫는다. '구름을 풀어 떠나있던 샛바람 불러모으면 / 권태로운 일상들 나풀나풀 잰걸음을 시작한다' 이처럼 시적화자의 소재에 대한 해석 능력은 매우 탁월하다.

　　잔설에 젖은 산그림자
　　맑은 빛으로 산기슭을 타고
　　살바람에 가슴 시린 수평선은
　　환한 짙푸름으로 출렁이는데
　　너는 늘 거기쯤에서만 아물거리고 있다

　　몸 푸는 개울 따라 얼음장 조르르
　　아지랑이 타고 매화꽃 바르르
　　시간은 빗장을 풀고 날갯짓하는데
　　옆에 뉘어 품을 수도
　　너를 눈앞에 두어 만지작거릴 수도 없다
　　옷고름 홀로 매만지며
　　그저 거기쯤에서만 유유하다

　　　　　　　　　　　　- 「나와 아지랑이 사이」 전문

　　이동만 첫시집의 표제가 된, 서정과 삶의 철학성이 유연하게 흐르는 뛰어난 시편이다.
　　'살바람에 가슴 시린 수평선은 / 환한 짙푸름으로 출렁이

는데 / 너는 늘 거기쯤에서만 아물거리고 있다'

아지랑이가 어떤 것인가. 겨울 된바람과 살랑거리는 봄을 매개하면서 보일 듯 보일 듯 정작 실체는 없고 느낌만 한없이 갖게 하는 것이 아니던가. 온화하고 화목한 분위기를 일컫는 화기애애和氣靄靄란 말이 있다. 대다수의 사람들이 뒤의 '애애'를 사랑 愛로 잘못 알고 쓰지만 사실 아지랑이 靄가 맞다. 아지랑이는 그런 것이다. 보이지 않아 실체는 모르지만 왠지 내 편일 것 같은, 좋은 느낌과 기운을 줄 것 같은 기대를 하게 한다. 그러나 '몸 푸는 개울 따라 얼음장 조르르 / 아지랑이 타고 매화꽃 바르르' 하염없이 내 가슴을 두드리지만 '옆에 뉘어 품을 수도 / 너를 눈앞에 두어 만지작거릴 수도 없'는 것이 세상의 일이요, 이치다. 불확실하고 모호한 관계 속에서 '그저 거기쯤에서만 유유'한 채로 우리는 또 봄이 올 거라는 믿음과 소망으로 살아낼 힘을 얻는 것이다.

보송보송한 솜털들 벌판에 나부낀다
문풍지 세차게 치받던 황소바람
거인은 왕년의 무용담 막걸리에 휘저으며
장끼 유혹할 콩미끼에 정성을 다한다
아침햇살 펼쳐 힘차게 올라타는 장끼
깃털만큼이나 화려한 비상을 꿈꾸다가
바람결 따라 거인의 허리춤에 머문다
그 겨울, 아비는 거대한 타이탄이었다

해거름 굴뚝연기 울타리 너머 아이들을 부른다
가물거리는 열 촉짜리 백열등에
부엌 으스름은 부스러지고
시답잖은 전기는 눈 몇 번 끔벅이다
호롱불에 자리를 내어주고 만다
넘치는 밥물에 뭉게구름 아우성치면
무쇠솥은 아가리를 벌리고
땟국물 까맣게 튼 고사리손은
속 노란 고구마 한 개로 환해진다
맵찬 그 저녁, 어미는 마술요정보다 빛나는 팅커벨이었다

- 「타이탄과 팅커벨」 전문

　우리들의 유년은 한 사람의 서정성 구축의 절대적인 요소가 된다. 더욱이 궁핍했던 시절의 아버지 어머니의 일상은 곧잘 시적 소재가 되기도 한다. 미국의 철학가이며 교육자인 작가 베티 E 영의 저서 『아이 하나를 키우는 데는 마을 전체가 필요하다』를 보면 유년의 부모와 목가적인 고향이 한 인간의 형성 과정에 미치는 영향이 얼마나 지대한지를 여실히 알 수 있다. '문풍지 세차게 치받던 황소바람 / 거인은 왕년의 무용담 막걸리에 휘저으며 / 장끼 유혹할 콩미끼에 정성을 다한다'

　우리들의 젊은 아버지는 그 시절 가난했지만 '거대한 타

이탄'이 분명했다. '가물거리는 열 촉짜리 백열등' '시답잖은 전기는 눈 몇 번 끔벅이다 / 호롱불에 자리를 내어주고 만다', '무쇠솥은 아가리를 벌리고 / 뗏국물 까맣게 튼 고사리 손은 / 속 노란 고구마 한 개'로 그득해지던 '맵찬 그 저녁, 어미는 마술요정보다 빛나는 팅커벨이었다' 독자들의 공감대 형성에 성공을 거두는 시편이다. 가난했던 옛날의 한 장면이 이처럼 짙은 낭만적 정서를 몰고오는 시적 효용성이 그저 놀라울 따름이다. 유년의 정서를 소환하는 따뜻하고 찡한 시편으로는 「내 어버이의 비상구」, 「둘째야 고추 갈아라」, 「화려해서 서글픈」, 「느린 시간 느슨한 기억」 등이 있다.

쳇쳇대며 혀를 차던 누리꾼들
오늘은 딥딥거리며 시공을 파고 또 판다
알아서 척척 배우겠다니 회초리도 필요 없네
밥만 잘 먹이면 될 것 같은 요 녀석
정보씨앗 뒤꽁무니 쫓으며 걸근댄다

배우고 때로 익히면 즐겁지 아니한가
공자님께 긴급전화라도 돌려야 하나
논어 한 줄 더 큰 활자로 더 써야 한다고

부산한 쳇나부랭이들 된바람에 까부르고
심오한 척 딥딥대며 제 지능을 과시한다
고봉밥으로 키워낸 요 녀석

촌철의 지혜나마 흉내 낼 수 있을까
밤새워 연애소설을 먹인다면
로미오와 줄리엣의 심장을 토해낼 수 있을까

귀향하는 기러기 날개 붙들고
좀 쉬었다 가라고 정월 대보름달 불 밝히는데
꽁꽁 외면당하는 아날로그 지능들
기러기 따라 타향으로 가버리면 어쩌나

　　　　　　　-「쳇쳇대며 딥딥거리며」 전문

　세상은 지금 아날로그 시대에서 디지털 시대로, 단일문화 시대에서 다문화 시대로, 지구촌 시대로, 다양화 시대로, 그래서 절대주의에서 상대주의로, 경계 허물기 시대로, 탈 이데올로기 시대로 일대 전환을 꾀하고 있다.

　'쳇쳇대며 혀를 차던 누리꾼들 / 오늘은 딥딥거리며 시공을 파고 또 판다' Chat GPT가 판을 치는 세상, 처음엔 너나없이 쳇쳇대며 혀를 찼지만 어쩔 수 없이 더 깊이 깊이 파고들 수밖에 없는 현실이다. 시의성時宜性에 딱 맞는 모던한 시편으로 '쳇쳇대며'와 '딥딥거리며'란 시어에 의성어와 의태어적 요소를 두루 포함시켜 언어유희적 표현이 중층구조의 성공을 거두는 기발함을 보이고 있다.

　'공자님께 긴급전화라도 돌려야 하나' '밤새워 연애소설을 먹인다면 / 로미오와 줄리엣의 심장을 토해낼 수 있을까'

등의 시구는 문명 비판의 날카로운 현대성을 지적하면서도 '눙치는 기술'과 '시침떼기 기법'에 능수능란한 시적 기교를 보인다. 유사한 시편으로 「스마트한 그들」, 「쳇, 챗GPT」, 「디지털인간, 아날로그 불빛」 등이 있다.

> 개헤엄 치던 동심만으로
> 호기롭게 뛰어들었다
> "초보자는 유아풀에서 연습하세요"
> 몸도 마음도 돌배기로 되돌아가버렸다
>
> > -「제대로 환갑 - 수영장 첫날」 전문

> 白手 3일차
> 때맞춰 쏟아진 하얀 눈
> 내 노는 손과 이리도 잘 어울릴 줄
> 그 어울림 더 잘 버무리려
> 눈 덮인 관악산에 간다, 오늘
>
> > -「白手와 白雪」 전문

위 두 편의 시는 압축시이다. 상당한 기량을 요구하는 짧은 시는 페이소스(pathos)와 강력한 풍자성(satire)이 필요충분조건이다. 거기다 촌철살인적 삶의 철학성 부여는 거론할 필요가 없다. 시어를 최소화 하고 전달하려는 메시지를 극대화해야 압축시의 흡인력은 강해진다. 음미하여 곱씹을수록 전율과 여운이 강하고 짙어야 한다. 행간의 여백과 감정 절제만이 더욱 짙고 강한 감흥과 여운을 불러일으킬 수 있다. 한 마디의 시어에 절박한 여러 의미와 골 깊은 사유를 담아야 성공적인 압축시로 승화할 수 있는 것이다. 위 두 편의 시는 이러한 제반 요건에 아주 근접하게 다가간 시편이라 할 수 있다. 우리 나이 환갑은 새로 맞는 첫 한 살이다. 환갑에 이른 시적 화자는 수영을 배우기로 한다. (「제대로 환갑 - 수영장 첫날」) '초보자는 유아풀에서 연습하세요 / 몸도 마음도 돌배기로 되돌아가버렸다' 짧고 큰 울림이 독자들의 미소를 자아낸다.

　무직이 되어버린 시적 화자는 어느 날 관악산을 오른다. (「白手와 白雪」), '때맞춰 쏟아진 하얀 눈 / 내 노는 손과 이리도 잘 어울릴 줄' 「白手와 白雪」이란 시제가 절묘하게 들어맞은 한 수이다.

> 벼꽃송이들 올해도 사람들의 이목을 피해 몰래 피었다
> 갓 틔워낸 새치미
> 녹색으로 그을린 볏잎사내들이 호위한다
> 끈적거리는 꽃단장 분칠도
> 매파의 수선스런 날갯짓도 필요치 않다
> 씨알 담을 푼푼한 씨방 한 칸에
> 건들바람 한 올만 살짝궁 들어오면
> 붓다의 입꼬리는 저절로 곡선을 탄다

수천 년을 엎드려 보시해온 논두렁 꽃송이
만져지지 않는 삼천 년 만의 상서로움보다는
우리 찰나의 중생에겐
알짜배기 우담바라가 아닐는지

- 「우담바라보다 벼꽃」 전문

　누구보다 섬세한 눈을 가진 시적 화자는 어느 날 벼꽃을 목도한다. 워낙 작은 꽃이라 좀처럼 눈에 띄지 않는 꽃, 그러나 삶과 자연의 순환 속에서 너무나 큰 의미를 갖는 꽃이 아닐 수 없다. 그래서 벼꽃의 꽃말이 기다림, 겸손, 풍요로움으로 지어졌을까 싶다.

　'끈적거리는 꽃단장 분칠도 / 매파의 수선스런 날갯짓도 필요치 않다 / 씨알 담을 푼푼한 씨방 한 칸에 / 건들바람 한 올만 살짝궁 들어오면 / 붓다의 입꼬리는 저절로 곡선을 탄다' 시인의 세심한 성정과 시선이 참으로 놀랍다. 꽃단장으로 벌나비를 부르지 않아도 씨방 한 켠에 초가을 선들선들 불어오는 건들바람 한 올만 들어오면 붓다의 입꼬리는 곡선을 탄다며 너스레를 떠는 시적 화자의 능청스러움이 시적효과를 극대화 시키고 있다. 담화曇花라고 불리는 산스크리트어를 가진 그 이름 '우담바라', 삼천 년 만에 피는, 여래如來가 태어날 때나 전륜성왕轉輪聖王이 나타날 때만 그 복덕으로 핀

다는 귀하디귀한 꽃.

시적 화자는 조그마한 벼꽃을 우담바라보다 더 귀한 알짜배기 우담바라라고 명명하지만 조금도 지나치지 않고 자연스럽게 읽히는 이유는 작위감을 이겨낸 시적 진정성에 있다고 하겠다.

비바람이 알람처럼 들쑤시는 새벽창
거친 술에 절름거리는 지난밤을 깨우면
포말처럼 멀어져간 기억 하나 소환한다
굴절된 오라(aura)들 쌘비구름 틈새를 뒤지다
보랏빛으로 마구 휘감으면
나는 동해바다 어디쯤으로 기울어진다
지금부터 나는 파도와 태양을 동경하는 이스마엘이다
슬도瑟島 끄트머리를 놓지 못하는 등댓불
빗낱에 갇혀 보슬거리고 있다
아스라한 수평선도 경계를 벗으려
하늘을 유영하던 눈빛에 스며든다
에이합 선장이 놓지 못했던 커다란 눈, 태양이여
비파소리 너울지는 성난 눈빛이여
이제 나는 그 눈빛을 타고 침잠을 준비해야지
등댓불이 꺼졌다
에이합도 바다를 표류하던 욕망도
스타벅의 냉철함도 하늘로 침잠하였다
이스마엘을 향한 새로운 출발은 계속된다

- 「모비딕을 추억하다」 전문

124

우리는 허먼 멜빌의 소설『백경』을 잊지 못한다.

모비딕에게 다리 한 쪽을 잃고 복수하겠다는 일념으로 모비딕을 쫓다 끝내 모비딕에게 목숨마저 잃는 에이허브 선장의 허탈한 다리와 분노의 눈빛을 잊지 못하며, 유일하게 살아남은 성실한 청년 선원 이스마엘을 잊지 못한다.

'거친 술에 절름거리는' '포말처럼 멀어져간 기억 하나 소환한다' 시를 읽는 독자들은 덩달아 '지금부터 나는 파도와 태양을 동경하는 이스마엘이다'라 외치며 저마다의 그 시절을 회억할 것이다. 시적 화자는 대서양과 태평양이 아닌 울산의 슬도瑟島에서 '에이합 선장이 놓지 못했던 커다란 눈'과 '비파소리 너울지는 성난 눈빛'을 타고 침잠을 준비한다. 그리하여 '바다를 표류하던 욕망도 / 스타벅의 냉철함도 하늘로 침잠'시키는 비장함으로 시를 끝맺고 있다. 가히 절창이다.

꽃다운 시절, 있긴 있었던가
샛노란 찰나의 기억은 허공을 메우고
노류장화 기막힌 희롱은 담벼락을 들쑤셨다

새벽을 붙잡고 찬이슬 견뎌낸 꽃대
휑뎅그렁하게 남은 면사포 한 자락이
날아가지 않는 자존심인 줄 알았다
홀로 털어낼 수 없는 굴건임을

가슴 죄며 깨달을 때까지는

나부끼는 만장조차 시들어버린 지금
절실한 건 살랑거리는 바람 몇 송이
쭉정이는 훌훌 하늘 보며 까부르고
부여잡은 갓털에 씨알 하나 맡기면
모를 일이다, 어떤 척박한 生 하나
험한 세상 사뿐히 건너갈지도

- 「민들레에게 만시挽詩를」 전문

이 시의 퍼소나(persona)는 민들레이다. 시적화자는 철저히 여성화자론으로 시를 끌어가고 있다.

'꽃다운 시절, 있긴 있었던가' '노류장화 기막힌 희롱은 담벼락을 들쑤셨다' 길 위에 선 여인의 한 생애를 민들레란 시적 상관물로 능숙하게 버무려 놓았다. '새벽을 붙잡고 찬 이슬 견뎌낸 꽃대'는 '날아가지 않는 자존심'이라 최면을 걸며 살았다. 그러나 모를 일이다. '살랑거리는 바람 몇 송이'에 '쭉정이는 훌훌 하늘 보며 까부르'다 보면 '어떤 척박한 生 하나 / 험한 세상 사뿐히 건너갈지도'

진정어린 만시挽詩 한 수를 민들레에게 바치는 화자의 시심이 가슴을 울린다.

노마드적 삶을 지향하는 이동만의 시를 탐색해보았다.

가지 않고 보지 않고 젖지 않고서 어떤 시적 감흥이 생길 것인가. 이동만의 시에서 자주 보이는 족필시학足筆詩學은 공간과 장소의 시상을 중시하는 창작정신이다. 이동만의 시는 현장 확인의 사유와 역사를 바탕으로 심도 높은 철학적 논리를 용해하고 있다. 물리적, 객관적 시간의식에서 벗어난 심리적, 개인적인 시간의 향유를 소망하는 그의 시의 여정은 계속될 것이다. 그리하여 누구에게나, 언제까지나, 존재할 수밖에 없는 '나와 아지랑이 사이'의 애매하고도 오묘한 영역을 시인 특유의 여유와 지적 낭만으로 풀어갈 것이다.

이동만 첫 시집

나와 아지랑이 사이

초판1쇄 발행 2025년 9월 10일

지 은 이 이동만
펴 낸 이 이길안
펴 낸 곳 세종출판사

주소 부산광역시 중구 흑교로 71번길 12 (보수동2가)
전화 051－463－5898, 253－2213~5
팩스 051－248－4880
전자우편 sjpl5898@daum.net
출판등록 제02-01-96

ISBN 979-11-5979-809-2 03810

정가 13,000원